Chevaux
en liberté

AVEC
Cheval magazine

TEXTES DE EMMANUELLE BRENGARD

Michel LAFON

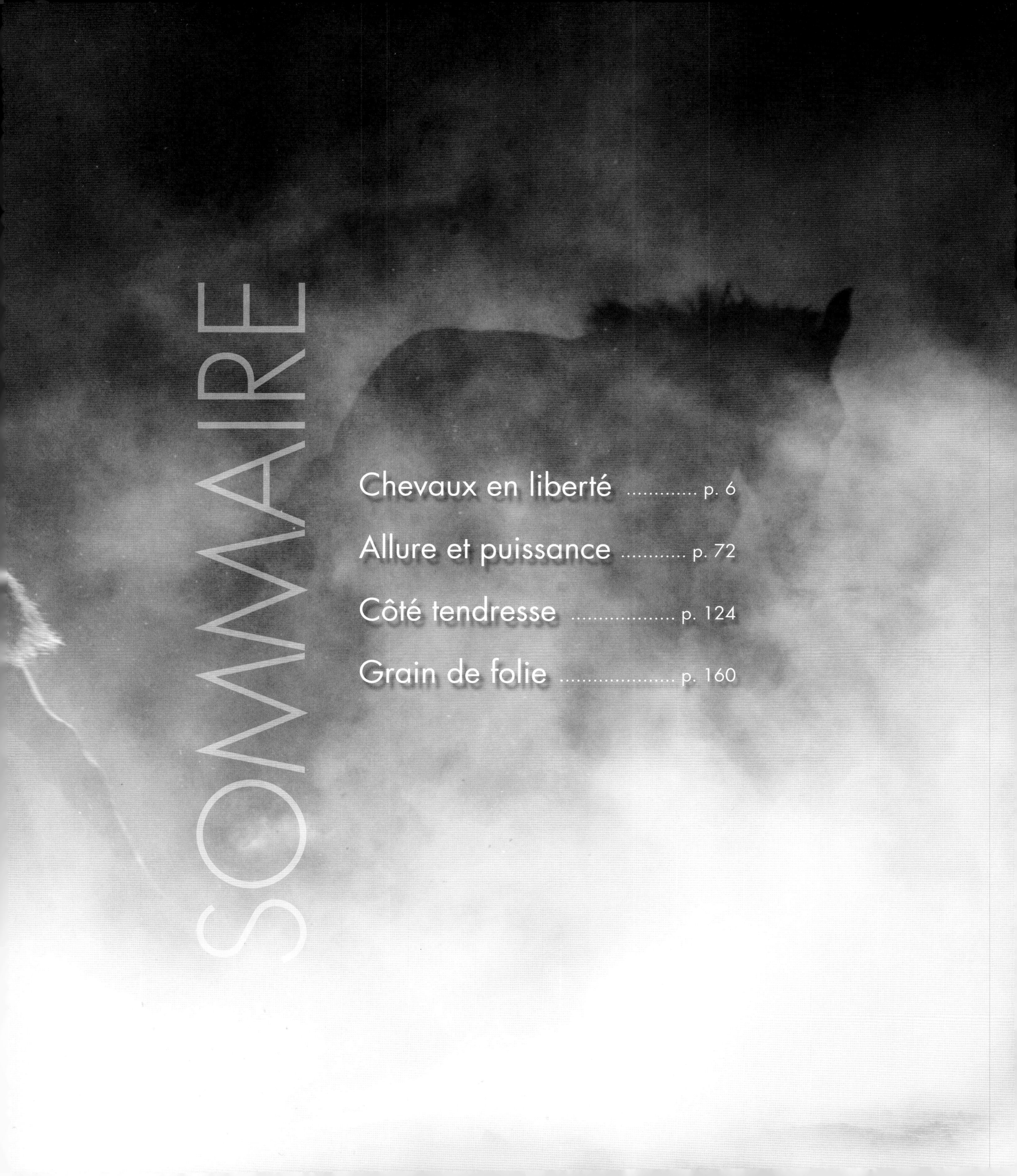

SOMMAIRE

« Dans ce vaste monde, où pourrait-on trouver quelqu'un qui soit noble mais sans orgueil, amical sans être envieux, beau sans vanité ? Ici se retrouvent, liés à la grâce et la puissance musculaire, la force et la gentillesse. Il sert sans être servile, il a combattu sans animosité. Rien n'est plus puissant et moins violent, plus rapide et plus patient. »

RONALD DUNCAN, 1914-1982, ÉCRIVAIN ANGLAIS

Le cheval est symbole de liberté. Il est synonyme de puissance et de courage. Sa beauté et sa bonté nous troublent jusqu'au plus profond de nos âmes. Sensible, fier, plein d'énergie, il sait aussi se faire tendre, et toujours il garde en lui une part de mystère.

Le cheval fascine les hommes depuis que son destin s'est croisé et entremêlé avec le leur. Que serait devenu l'homme sans le cheval ? Grâce à sa force, l'animal a travaillé la terre pour le nourrir. Grâce à sa vitesse et à son endurance, il a été l'allié des peuples conquérants. Aujourd'hui, les chevaux n'avancent plus au son du canon, ne transportent plus les hommes ou leurs courriers sur de longues distances, mais sont devenus partenaires de leurs loisirs.

Ils brillent sur les rectangles de dressage, les carrières de saut d'obstacle, les hippodromes, font leur show de cascades spectaculaires au cinéma, et le bonheur des randonneurs qui, grâce à eux, comme ivres d'une liberté retrouvée, galopent dans les plaines, sur les plages ou dans des allées des forêts.

En observant des troupeaux sauvages, les éthologues ont prouvé aux cavaliers que le cheval, certes, pouvait être un partenaire de jeux, mais qu'ils devaient, pour son bien-être, respecter sa nature profonde. L'époque est révolue où le cheval ne quittait son box que pour aller travailler avec son cavalier et se faire panser. Petit à petit, l'équitation classique s'ouvre à l'équitation éthologique, qui laisse plus volontiers le cheval passer des heures au pré, où il peut conserver des relations avec ses congénères. Le résultat ? Des chevaux bien mieux dans leurs têtes et leurs sabots, auprès de cavaliers épanouis.

L'aura des chevaux est comme un remède aux maux des hommes. Leur contact génère un effet bienfaisant. Grâce à eux, l'homme apprend à mieux gérer son stress, à se tenir à l'écoute des autres et à prendre confiance en lui. C'est en progressant dans la relation avec l'animal, en se dépassant pour y parvenir que l'homme gagne son respect et sa complicité.

Poulain pur-sang arabe dans la poussière du désert égyptien.

Chevaux en liberté

Ses sabots frappent la terre nourricière, et d'un galop puissant le cheval traverse les plaines. Autour de lui, la nature s'éveille et s'endort avec le soleil, qui imprime sur sa robe des reflets d'or. Sauvage : on lit dans son regard ardent que brille une flamme céleste, celle de la liberté !

Il a les oreilles pointées, ses naseaux dilatés frémissent et sa crinière platine se soulève doucement, légère au gré du vent.

La course et l'espace le grisent, dans sa vaste prairie des montagnes autrichiennes. Au-dessus des sapins, attentif au chant des oiseaux, il hume l'odeur du foin à peine coupé, des sapins et de l'herbe mouillée de rosée.

Quand, dans un fourré, un craquement même léger le fait tressaillir, c'est le moment de fuir ! D'un seul coup, tous ses muscles se tendent. Il part dans un trot aérien, les genoux levés, l'encolure arquée. Son port est altier, son élégance sans égale.

Ses longues jambes le propulsent au galop, la terre tremble sous ses sabots. Il est fier, il est puissant, il est libre ! Avez-vous jamais vu rien de plus beau qu'un cheval en liberté ?

Et quand il se décide enfin à mettre un terme à sa folle et longue cavalcade, il reprend son souffle et se met à brouter quelque brin d'herbe au soleil, l'œil noir sous les cils blonds. Non loin de son troupeau, apaisé, il est en harmonie tranquille avec les arbres et la montagne verdoyante. Une impression de sérénité se dégage alors du grand et puissant animal : oui, il est le symbole de la liberté !

HAFLINGER

Une telle crinière est exceptionnelle, la longueur des crins de ce haflinger est impressionnante. Lorsqu'il secoue ainsi sa jolie tête, ce poney répand autour de lui un halo doré presque irréel, comme un cheval de conte de fées.

PAGES SUIVANTES

HAFLINGER

Un petit galop tranquille dans les montagnes autrichiennes dont il est originaire, pour cet haflinger au doux regard. Comme tous les poneys de sa race, il a cette robe caractéristique, alezan doré avec des crins lavés. À la fois rustique et élégant, il est l'un des poneys préférés des amateurs d'attelage.

Dans un marais du delta du Rhône, dans le sud de la France, un groupe de chevaux camargues broute entre les roseaux. Au premier plan, l'un des membres du troupeau semble intrigué par la présence du photographe, mais reste confiant. Les chevaux camargues, bien que vivant en semi-liberté dans les marais, sont proches de l'homme. Ce sont des chevaux dits « de travail » que les gardians utilisent encore aujourd'hui pour le tri du bétail. Petits, mais costauds, ils sont aussi prisés par les amateurs d'équitation de loisir et sont toujours présents lors des fêtes traditionnelles camarguaises.

LIPIZZAN

Instant précieux de calme et de sérénité. Sous le feuillage des arbres, un jeu d'ombres et de lumières met en valeur la tête, et surtout l'œil serein de ce beau lipizzan, incarnation de la force tranquille. Le lipizzan est aujourd'hui connu pour être le cheval exclusif des écuyers de la prestigieuse École d'équitation de Vienne, en Autriche.

Lipizzan

Les points d'eau sont indispensables à la survie du cheval, puisque en moyenne il boit entre 30 et 50 litres par jour selon la chaleur, sa nourriture et son activité.
S'il reste généralement prudent face à une mare, un étang ou toute autre pièce d'eau qu'il ne connaît pas, le cheval peut volontiers y jouer, une fois familiarisé avec le lieu, comme le lipizzan ci-contre. À le voir ainsi, s'amusant dans un ruisseau qui court dans les sous-bois, on croirait presque à une apparition. Serait-il le descendant de la mythique licorne ?

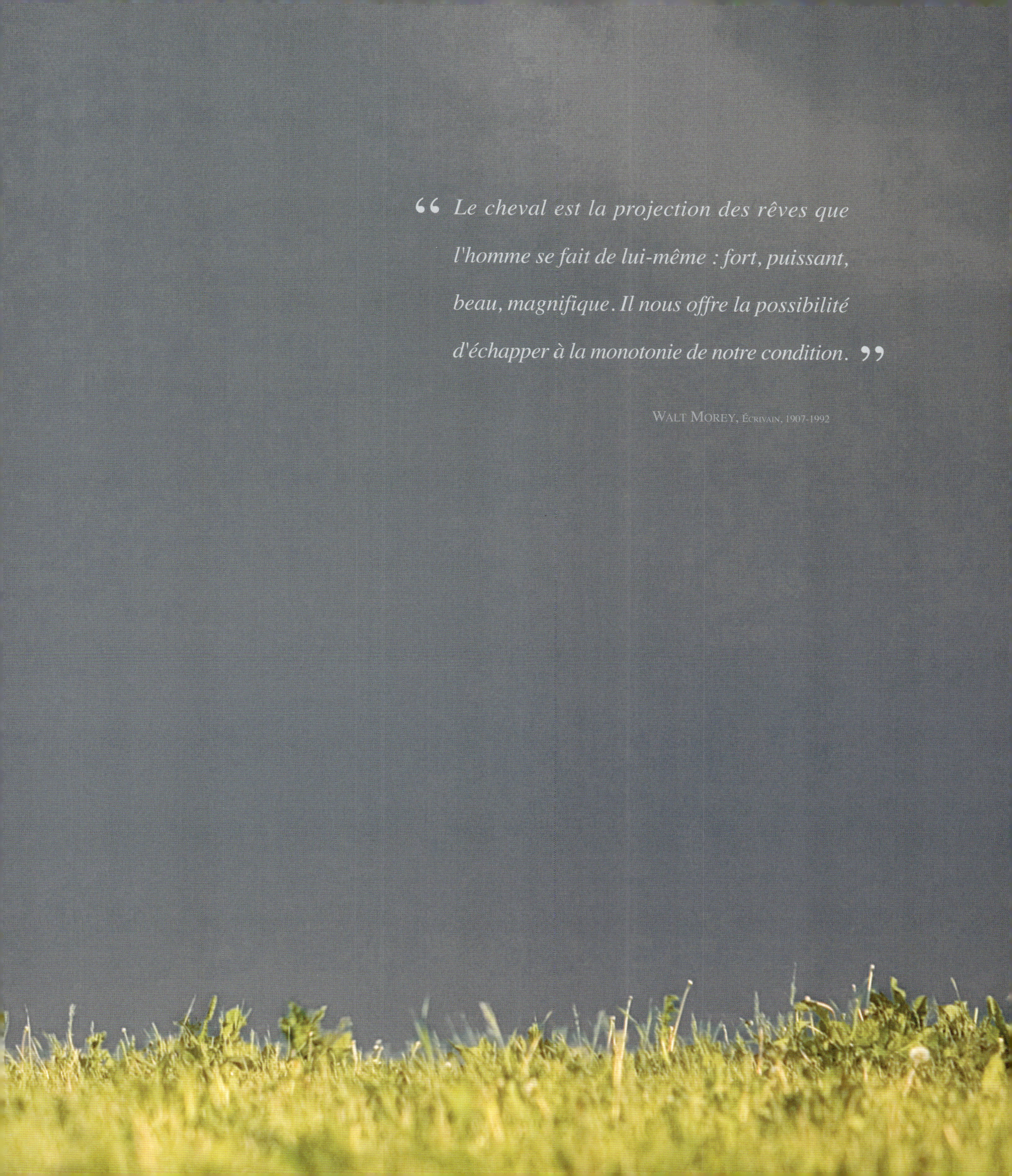

« Le cheval est la projection des rêves que l'homme se fait de lui-même : fort, puissant, beau, magnifique. Il nous offre la possibilité d'échapper à la monotonie de notre condition. »

WALT MOREY, ÉCRIVAIN, 1907-1992

Pour assurer sa survie, le cheval en liberté peut compter sur lui-même, mais avant tout sur le troupeau. Il est un animal dit « grégaire » : la vie en groupe lui est nécessaire. Libres, les chevaux se réunissent en troupeau mené par un étalon. Le mâle protège ses juments et leurs poulains. Mais au sein du groupe une hiérarchie se met en place et chacun doit suivre les règles, dont celle du plus fort que soi.

L'étalon est le chef suprême, mais parmi les juments, certaines sont des « leaders », souvent les plus âgées, qui mènent le troupeau vers les points d'eau et les meilleurs herbages.

Tous les chevaux du troupeau, sans exception, obéissent aux lois du groupe : il ne sera pas toléré qu'un jeune poulain parte à l'aventure loin de sa mère, qu'une jument veuille quitter le groupe sans risquer les foudres de l'étalon, et ce dernier lui-même n'a pas intérêt à baisser la garde s'il ne veut pas se faire enlever l'une de ses juments par un jeune mâle qui voudrait créer son propre troupeau.

Symbole pour nous de liberté, le cheval libre est donc a contrario le plus souvent contraint d'obéir, ne serait-ce qu'aux lois de la nature qui lui imposent de se déplacer pour manger, boire, fuir les prédateurs et donc survivre.

PAGES PRÉCÉDENTES

TCHÈQUES

Sous un ciel d'orage, cette jument tchèque observe l'horizon. Elle doit rester vigilante pour protéger son poulain et se tenir prête à fuir avec lui au moindre danger. Les chevaux ont un champ visuel particulier : il leur suffit de tourner leur longue encolure pour avoir une vue à 360°.

TCHÈQUES

Nez au sol, ce cheval tchèque renifle avec circonspection son environnement. En s'approchant d'un point d'eau, le cheval en liberté doit se tenir sur ses gardes, car les prédateurs aussi s'y donnent rendez-vous. Avant d'étancher sa soif, il doit s'assurer que le sol est parfaitement stable. En cas de danger, il pourra fuir rapidement et prendre appui sur un terrain ferme.

PUR-SANG ARABE

Cette scène est exceptionnelle de par la beauté du cheval, celle du paysage et de l'histoire qui s'y rattache. Malgré ce que nous pourrions croire, ce pur-sang arabe alezan qui pose sous de grandes feuilles de palmier ne vit pas dans l'oasis d'un pays oriental, mais sur une île des Seychelles avec quelques-uns de ses congénères, amenés là par l'homme. Abandonnés par leur premier propriétaire, ils ont été finalement sauvés et coulent aujourd'hui des jours heureux sous les tropiques.

PAGES PRÉCÉDENTES

PUR-SANG ARABE

Habitués à l'environnement tropical, les chevaux de ce groupe n'ont plus d'appréhension face au tumulte des vagues qui viennent se jeter sur la plage de sable blanc. L'un des pur-sang arabes du groupe et la ponette qui l'a rejoint galopent en toute sérénité dans l'écume blanche, leurs silhouettes se détachant avec grâce sur ce paysage paradisiaque.

PUR-SANG ARABE

Depuis la lisière de la forêt tropicale, il suffit de quelques pas pour atteindre la plage. Quelles délices de se rouler dans le sable ou de simplement s'y reposer un instant. La douce lumière qui enveloppe ces pur-sang arabes met en valeur la finesse de leur musculature et de leur peau, ainsi que l'élégance naturelle qui caractérise la race.

Puisqu'une hiérarchie s'établit naturellement au sein d'un groupe de chevaux, les rapports entre dominants et dominés sont compris et acceptés par tous. Toute une gamme d'attitudes corporelles régissent ainsi la vie sociale du groupe. Nous pouvons nommer cela « gamme » comme en musique, puisque les attitudes vont *crescendo*, selon le message plus ou moins fort qu'un cheval veut faire passer à un autre.

On sait, par exemple, que chaque cheval, comme l'homme, forge une sorte de bulle autour de lui, dans laquelle il n'autorise pas tous les autres

PAGES PRÉCÉDENTES
PUR-SANG ARABE
Pour se rouler, les chevaux affectionnent des endroits poussiéreux, et dans un pré ils délimitent progressivement une « zone de roulage ». Pour se baigner, une fois leur peur instinctive de l'eau maîtrisée, ils peuvent choisir une mare ou un étang. Les pur-sang arabes des Seychelles, eux, ont choisi un massage au sable mouillé, bravant les vagues qui viennent s'écraser sur leurs corps.

PUR-SANG ARABE
Après la baignade et une bonne roulade, rien de mieux pour se défouler qu'un simulacre de bataille. Oreilles en arrière, ces deux chevaux sont sans doute en train de se mesurer pour confirmer l'ascendant de l'un sur l'autre, mais un véritable combat n'est pas à craindre. En effet, leurs lèvres s'ouvrent sur des dents serrées et ne sont pas prêtes à mordre.

chevaux à pénétrer. Pourtant, si chaque fois qu'un individu s'approche d'un autre, il fallait en arriver à se battre, la cohésion du groupe ne se maintiendrait pas longtemps. Les chevaux ont donc codifié un langage corporel qui va de la simple intimidation à l'agression caractérisée, en passant par l'ordre ou la remise en place.

Imaginons un groupe de deux chevaux. L'un d'entre eux n'accepte pas que son congénère pénètre dans sa « bulle », cet espace vital au sein duquel tout cheval se sent en sécurité. Il ira crescendo dans son attitude d'intimidation corporelle : pour peu que l'autre insiste ou fasse mine de ne pas comprendre, il couchera d'abord les oreilles, montrera les dents, fera mine de mordre ou de charger, et enfin lèvera un postérieur dans la direction de l'importun. Généralement, les chevaux en restent là.

Cependant, il peut arriver que l'intimidation reste sans effets. Dans ce cas, le cheval va mordre ou lancer un coup de pied.

Entre juments et poulains, par exemple, ces chamailleries ne vont pas plus loin. Il en va autrement pour l'étalon qui, lui, doit parfois livrer de véritables combats contre des mâles plus jeunes, prêts à lui ravir une jument de son harem. Là aussi, cependant, les adversaires vont commencer par un simulacre de rixe avant d'en arriver à un combat véritable, furieux et violent. Si le jeune mâle n'est pas encore assez fort physiquement et n'a pas assez confiance en lui, quelques ruades, coups d'épaule ou morsures sans gravité peuvent le décourager et éviter la lutte.

On le voit, le cheval n'est pas un animal agressif, et au conflit il préférera toujours la diplomatie...

PUR-SANG ARABE
Une beauté et un charisme exceptionnels. Une robe aux reflets d'or, de grands yeux comme ornés de khôl, un chanfrein concave caractéristique, des naseaux ourlés, frémissants et de petites oreilles délicates. Ce pur-sang arabe pourrait être un concurrent sérieux lors d'un concours de modèles et allures que les amateurs de la race apprécient tant.

PAGES PRÉCÉDENTES

Dans la nature, l'allure reine de déplacement est le pas. Quand un troupeau comme celui-ci fuit au galop, cela signifie que l'un des membres a détecté un danger et a alerté les autres. À l'inverse d'autres animaux, le cheval n'a ni crocs, ni griffes, ni cornes pour se défendre.
Même si un coup de sabot ou une morsure peut blesser, un cheval seul aura peu de chances d'échapper à l'attaque d'un prédateur tel un puma, par exemple. La meilleure défense reste donc la fuite !

HENSON

Une tête émerge d'un troupeau de hensons. Ce cheval est polyvalent, volontaire et résistant. Cette race est l'une des plus récentes créées par l'homme, croisement de poneys fjords et de chevaux de petite taille. Reconnue par les Haras nationaux en juillet 2003, elle est principalement élevée en France, dans la baie de Somme. Les chevaux sont en semi-liberté et, comme les races de montagne, les hommes les font changer de lieu entre les saisons, lors d'une transhumance qu'on a spécialement nommée « transhenson ». Le premier week-end de novembre, les troupeaux sont ramenés de leurs pâturages d'été dans leurs écuries.

PERCHERON

En France, il existe neuf races de trait : le boulonnais, le comtois, le breton, l'auxois, l'ardennais, le trait du Nord, le cob normand, le mulassier poitevin et le percheron, ci-contre. Originaire de la région du Perche, il a même sa capitale : Nogent-le-Rotrou, en Eure-et-Loir. Sa gentillesse n'a d'égale que sa force. Il est croisé avec des pur-sang arabes et des pure race espagnols ; sa tête élégante et ses belles allures ont su conquérir le monde entier, puisque le percheron est également très populaire, en particulier aux États-Unis et au Japon.

DOUBLE PAGE SUIVANTE

KLADRUBER

On pourrait confondre ces chevaux avec des lipizzans, mais même s'ils possèdent le même chanfrein légèrement busqué, ce sont ici des kladrubers qui ont été photographiés dans un élevage. Contrairement à son cousin lipizzan, le kladruber possède une lignée à la robe noire. Les deux cousins n'ont pas non plus les mêmes prédispositions : le lipizzan est le parfait cheval de haute école, le kladruber, lui, est un excellent cheval d'attelage.

Les koniks en liberté ont un rôle écologique à jouer, puisque en broutant ils contribuent à la préservation des lieux et à la diversité de la faune et de la flore. L'homme utilise les koniks un peu partout en Europe, en particulier pour entretenir les réserves naturelles. Évidemment, ces initiatives participent à la conservation de la race, mais les chevaux sont au service de l'homme. Le cheval sauvage et complètement libre est bel et bien un mythe, aujourd'hui.

Les derniers chevaux sauvages qui n'ont jamais subi la domestication ont été aperçus pour la dernière fois en 1876 en Chine par un colonel russe, le colonel de Przewalski, qui leur a donné son nom. En 1935, il n'existait plus que six przewalskis, capturés et présentés dans des zoos européens. Heureusement, des passionnés ont réussi à sauver la race et à réintroduire des animaux en milieu naturel, notamment en Mongolie, grâce à l'association française Takh.

Ailleurs, il existe également des chevaux « sauvages », tels les mustangs américains, les brumbies australiens ou des chevaux élevés en semi-liberté, comme les camargues dans le delta du Rhône. Mais tous doivent leur survie à l'intervention de l'homme.

KONIK

Ils pourraient se confondre avec la couleur des pierres et de la mare de cette carrière. Ces deux koniks présentent toutes les caractéristiques de la race konik polski, originaire de Pologne. Génétiquement, ils seraient les chevaux les plus proches du cheval sauvage européen disparu, le tarpan. On retrouve chez les spécimens de cette race les marques dites « primitives », telles que la raie de mulet sur le dos et les zébrures sur les membres. Leur robe est presque toujours souris ou isabelle.

ARABE-BARBE
Un roc à la robe d'ébène se détache sur ce fond désertique. La silhouette de cet étalon arabe-barbe laisse apparaître des muscles fins et puissants. L'arabe-barbe est un sportif accompli et une monture à la fois élégante et vive dont les fans apprécient également le mental et l'endurance.

En Afrique du Nord, l'histoire des hommes et celle des chevaux se confondent. Les origines de certaines races sont si anciennes qu'il est parfois difficile de préciser leur berceau exact. Les Européens ne découvrirent réellement qu'au VIIIe siècle, lors des invasions maures, une race de chevaux vifs, élégants et endurants : le barbe ou cheval berbère. À cette date, il avait déjà été croisé avec des pur-sang arabes suite aux invasions des Arabes en Afrique du Nord vers le VIIe siècle. Le cheval ainsi produit était exceptionnel. Le pied sûr, il pouvait parcourir de longues distances sans se fatiguer et restait sobre. Parfaite monture de guerre à l'époque, il démontre aujourd'hui son agilité et son courage dans les fantasias, ces fêtes où les chevaux sont lancés au grand galop et stoppent net au moment où leurs cavaliers, dans un seul mouvement, tirent un coup de feu en l'air. La tradition veut qu'on n'entende qu'un seul coup ! Alors, cheval de tradition ? Certes, mais pas seulement ! Doué, le cheval barbe était recherché des grands écuyers comme Pluvinel ou La Guérinière qui le considéraient comme l'un des meilleurs chevaux de haute école. Le barbe, ou son proche cousin l'arabe-barbe sont de nos jours de plus en plus prisés des cavaliers qui veulent un cheval plein d'énergie. Leurs qualités sont appréciés par les amateurs d'endurance, de saut d'obstacles, de horse-ball, de spectacle et font aussi le bonheur des randonneurs.

Dans le monde actuel, il serait bien difficile à un troupeau de chevaux sauvages de survivre sans l'aide de l'homme. Faut-il pour autant blâmer l'homme lorsqu'il entrave leur liberté ? Il est vrai que la régulation des populations de mustangs ou de brumbies est sujette à controverse, surtout quand il s'agit d'abattages par hélicoptères. Cependant, le jeune poulain pur-sang arabe ci-contre est là pour témoigner du soin que les hommes ont pris à préserver la pureté des races, dont les plus anciennes. Des archéologues ont en effet découvert des traces de pur-sang arabe qui datent d'environ 3 000 ans avant notre ère ! De nombreuses légendes courent sur ses origines. L'une d'elle dit que « Dieu prit une poignée de vent du Sud, souffla dessus et créa le pur-sang arabe ». La tradition populaire, elle, veut que le pur-sang arabe soit le descendant des cinq juments préférées du prophète Mahomet. Mais le mystère reste entier, si l'on retient la légende qui le fait descendre de sept chevaux sélectionnés par le roi Salomon, parmi ses quarante mille chevaux d'attelage et ses douze mille chevaux de selle !

Oublions un temps ses origines, et ne nous soucions que de la beauté du pur-sang arabe. Ses formes élégantes et harmonieuses se retrouvent déjà chez ce poulain galopant sur une plage égyptienne. Au soleil couchant, sa silhouette se détache sur le miroir d'eau salée, et à le regarder ainsi, on croirait presque entendre le claquement de ses petits sabots sur le sable mouillé.

Les rois ont souvent été à l'origine de la création d'une race. Ainsi, la race du kladruber a été créée en 1579 par l'empereur Maximilien II et son fils Rudolf II au haras royal de Kladrub, autrefois en Autriche-Hongrie et aujourd'hui en République tchèque. Le kladruber était un grand cheval pouvant toiser 1,80 m au garrot, mais ses descendants sont maintenant de taille plus modeste, entre 1,65 m et 1,75 m. Dans ses veines coule du sang de chevaux barbes, napolitains et surtout ibériques.

KLADRUBER

Au bord de la mer du Nord, un kladruber noir a été lâché sur une plage. Ce cheval se distingue par son trot spectaculaire. Rien d'étonnant s'il est très prisé en attelage, où l'on affectionne également sa force, sa générosité et sa vivacité. En liberté, il fait preuve de la même fougue. Et quand son regard croise celui du photographe, la force et la douceur de ce cheval au grand cœur ne peuvent qu'émouvoir.

« Très loin, au plus profond du secret de notre âme, un cheval caracole… un cheval, le cheval ! Symbole de la force déferlante, de la puissance, du mouvement, de l'action. »

D.H. Lawrence, écrivain, 1885-1930

Pure race espagnol

Du premier coup d'œil, on le reconnaît. Sa crinière soyeuse, son panache, son port altier : le pure race espagnol, qu'on appelait autrefois « andalou », est l'un des chevaux les plus appréciés au monde, tellement nombreuses sont ses qualités. Son histoire se mêle étroitement à celle de l'Espagne. Ainsi, au XVe siècle, des moines chartreux ont décidé de sauvegarder la pureté de la race et ont créé une lignée de *cartujanos* d'un modèle parfait. Aux XVIe et XVIIe siècles, les rois, les princes et toute l'aristocratie ne juraient que par ce cheval aux allures relevées et aujourd'hui encore, les passionnés de dressage apprécient particulièrement ses prédispositions pour cette discipline, même s'il reste un cheval polyvalent.

PAGES SUIVANTES
LIPIZZAN
Un jour de pluie en lisière de forêt, un groupe de jeunes lipizzans traverse un pré.

PURE RACE ESPAGNOL

Chez les pure race espagnols, on retrouve souvent la robe grise, bien que toutes les robes (sauf la pie) soient admises par le standard de la race. Ses longs crins ondulés, dont le toupet vient frôler un œil expressif, le font reconnaître entre mille. C'est un cheval au caractère tranquille, mais il ne manque pas de vivacité pour autant, et lâché en liberté il dégage une impression de puissance évidente.

« Je vois parfois dans le regard d'un cheval la beauté inhumaine d'un monde avant le passage des hommes. »

BARTABAS, CHORÉGRAPHE ÉQUESTRE

FRISON

Cette race est unique, puisque seule la robe noire est admise. Si on lâche ce cheval en liberté dans un champ de coquelicots, cette robe noire apparaît encore plus brillante et met en relief tous les muscles et la puissance de l'animal, dont la beauté subjugue des amateurs de plus en plus nombreux. Son caractère particulièrement doux et sa sensibilité alliés à son physique étonnant font des ravages en attelage, mais sa polyvalence en fait également un cheval de selle, très proche de l'homme.

PAGES PRÉCÉDENTES

Ce cheval de selle autrichien pourrait à lui seul être le symbole du cheval en liberté. On remarque particulièrement sa puissance, sa musculature, ses longues jambes faites pour la vitesse. Sa robe brille au soleil, et dans ce pré on le sent tout simplement ivre de sa liberté retrouvée, prêt à sauter fossés et talus ou à galoper durant l'éternité…

Paint horse

Ce paint horse au regard coquin est un digne représentant de sa race, originaire des Amériques. Comme l'indique son nom, ce « cheval peint » arbore une robe tachetée, caractéristique de la race définie par un standard en 1965. Bien avant cette date, les chevaux tachetés étaient particulièrement prisés par les Indiens d'Amérique du Nord. Leur robe permettait un camouflage pour la chasse ou la guerre.

Les chevaux américains tels que nous les

CAMARGUE

En termes de camouflage, ce cheval camargue apparaît aussi doué que le paint horse américain même si, à l'inverse, sa robe est uniquement grise. Cependant, les camargues ont une particularité : les poulains naissent avec une robe de couleur sombre et ne deviennent gris qu'avec l'âge. Ce sont de petits chevaux rustiques, aujourd'hui encore utilisés par l'homme pour le tri du bétail en Camargue mais, au contraire d'autres chevaux mis au box après le travail, ils sont remis en liberté dans les marais où ils évoluent avec aisance, pouvant même aller jusqu'à plonger le nez sous l'eau pour attraper des herbes. Ils sont l'illustration parfaite d'une adaptation des chevaux à leur environnement.

PONEY ALLEMAND

Une robe, qu'on nomme « palomino », pour ce poney de sport allemand. La blancheur de ses crins et la couleur dorée de son poil reflètent les rayons du soleil et mettent en valeur sa superbe musculature.
Bien que poney, il est taillé comme un cheval : il est fin, élégant, racé. Au galop, on admire le jeu des muscles puissants, la finesse des tendons et le port de tête altier de ce modèle exceptionnel.

WÜRTTEMBERG

Ce cheval de selle d'origine allemande fait montre de sa beauté et de ses allures déliées. On peut admirer chaque détail de sa tête, et surtout son regard sérieux, profond. Ce portrait présente un cheval au modèle parfait, dont la conformation, du bout des oreilles à la pointe des sabots, le prédispose à briller dans les sports équestres.

Le fjord, originaire de Norvège, est l'une des races européennes les plus anciennes. Depuis des siècles il n'a reçu aucun apport de sang extérieur et la race est restée pure, les modèles d'aujourd'hui étant semblables à leurs ancêtres. Ainsi, tous les fjords ont la même robe isabelle et une crinière bicolore à l'âge adulte. À la naissance, les poulains ont une robe et des crins couleur crème.

On appelle aussi le fjord « cheval des Vikings », puisque ces derniers l'utilisaient pour la guerre. De par sa taille (moins de 1,48 m au garrot) il entre dans la catégorie des poneys, mais c'est un petit costaud très rustique, qui peut vivre toute l'année dehors sans craindre les intempéries.

FJORD

Ce détail présente la coupe que les hommes ont choisie pour la crinière des fjords. Elle met en valeur la ligne de crins noirs qui se poursuit le long de la colonne vertébrale par une raie de mulet, caractéristique de la race.

Shagya

Ce magnifique cheval gris est un shagya ou arabe shagya, une race créée au haras de Balbona, en Hongrie, en 1789, sur ordre de l'empereur Joseph II qui souhaitait des chevaux à la fois endurants et puissants pour la guerre. Pour ce faire, on a croisé des étalons arabes avec des juments locales. Le shagya est donc à la fois élégant et résistant à l'effort, mais il est plus charpenté et de taille plus haute que l'arabe, tout en ayant de belles allures, comme le prouve le trot élastique de ce modèle.

CONNEMARA

Les yeux de ce connemara, un poney originaire d'Irlande, sont d'une couleur ambrée surprenante. Le sujet photographié est particulièrement grand et puissant pour un poney, mais le connemara est un athlète dont la musculature et également le thorax développé lui permettent d'être l'un des meilleurs poneys de sport actuels. Il brille dans toutes les disciplines, mais surtout en saut d'obstacles.

Plutôt qu'une prairie d'herbe verte, cet alezan a choisi un point d'eau pour se défouler. Les gerbes d'eau qui l'éclaboussent n'ont pas l'air de l'inquiéter, alors que beaucoup de chevaux peuvent être terrorisés quand un cavalier leur demande de traverser une simple flaque d'eau. Le cheval en liberté serait-il plus téméraire ? Non, il aura tout simplement pris le temps d'observer le lieu et d'en appréhender les dangers éventuels.

Avec force, un cheval gris frappe l'eau de son antérieur. Contrairement à ce que l'on pourrait croire, ce n'est ni un jeu ni une manifestation d'énervement, mais le signe qu'il va choisir cette place pour s'y rouler. Dans les pays chauds, il n'est pas rare de voir les chevaux se baigner dans des points d'eau pour se rafraîchir.

PAGES SUIVANTES

PUR-SANG ARABE

La neige n'est pas un élément que craignent les chevaux. Mais la plupart s'y habituent rapidement et montrent même un certain plaisir à s'y rouler ou y jouer. Pour preuve, ce pur-sang arabe, dont l'ancêtre né dans les déserts orientaux foulait du sable, n'a aucune appréhension à se lancer dans une belle galopade avec l'un de ses compagnons d'écurie.

« Mille chevaux à la queue flottante, à la crinière envolée, aux naseaux dilatés – ces naseaux qui jamais n'ont palpité dans l'effort du travail ! »

LORD BYRON, POÈTE, 1788-1824

Allure et puissance

Ses muscles puissants se mettent en mouvement et évoquent la grâce et l'élégance. Il est noble, vif et distingué, mais avec nous il n'est que docilité. Sous la force brute, on ressent la douceur d'un être à part qu'on ne se lasse pas d'admirer. Restons humbles devant les chevaux qui nous portent avec fierté, mais jamais avec vanité.

La notion d'allure est utilisée pour désigner le mode de déplacement des chevaux selon l'ordre de posé des membres sur le sol. Ainsi, les allures naturelles du cheval sont le pas, le trot et le galop. Il y a des allures dites « marchées » quand un ou plusieurs pieds restent au sol (le pas) et des allures dites « sautées », (le trot ou le galop) où, lors d'un temps de suspension, plus aucun membre n'est en contact avec le sol. Il y a même certains équidés qui ont plus d' allures que les autres…

L'islandais a cinq allures avec l'amble et le tölt, tandis que le missouri fox-trotter est célèbre pour son fox-trot. Le paso fino est à la fois le nom donné à une race de cheval sud-américain et à son allure si particulière…

Il existe même des allures que l'homme cherche à obtenir des chevaux, comme le pas espagnol ! Mais pourquoi autant d'allures, me direz-vous ? Pour que les chevaux, sublimés, expriment toute leur beauté et surtout leur puissance !

En effet, le cheval nous bluffe par ses performances. Il est l'un des mammifères les plus rapides avec ses 70 km/h au galop, l'un des plus endurants avec des parcours de 160 km couverts en une journée, et l'un des plus forts, puisqu'il peut porter de lourdes charges, comme des troncs d'arbres, pour les ardennais qui font du débardage en forêt. Enfin, il est l'un des meilleurs sauteurs d'obstacles avec des sauts de plus de deux mètres de haut ou de huit mètres de longueur. Parmi les animaux, l'homme a choisi d'autres montures pour leur force ou leur docilité, mais aucune ne rivalise avec le cheval, qui reste sa plus noble conquête !

PUR-SANG ARABE

Un exercice de gymnastique équine ? Une grimace de cheval ? Que nenni ! Cette attitude, appelée « flehmen », permet au cheval de capter les phéromones – molécules chimiques que dégagent les organismes de leurs congénères – en retroussant sa lèvre supérieure. Alors que d'autres chevaux se contenteraient de porter un peu plus haut leur tête pour mieux capter ces odeurs particulières, cet étalon exagère le mouvement en étendant son encolure au maximum. Une jument en chaleur pourrait bien se trouver près d'ici…

PUR-SANG ARABE

Après avoir fait montre de sa bravoure en galopant avec énergie dans le sable d'une carrière et fait jouer ses muscles puissants, cet étalon pur-sang arabe est pris en flagrant délit d'intimidation. Avec ses oreilles plaquées contre son crâne, ses naseaux qui soufflent bruyamment et son œil exorbité dont on voit le blanc, le message est clair : ne vous approchez pas !

Sous le soleil égyptien, la robe alezane de ce pur-sang arabe a comme des reflets d'or. Son œil est serein, il regarde paisiblement au loin, et pourtant il suffirait qu'il sente un danger pour qu'en une fraction de seconde il se mette en mouvement !

Et quel mouvement ! Sous sa peau très fine, le pur-sang arabe a des muscles taillés pour la course. Une arrière-main puissante et de longues jambes ainsi que de solides sabots lui permettent de distancer bien des prédateurs.

Toute la morphologie du cheval a été « pensée » pour la course, c'est un athlète hors pair dans son domaine et les hommes, s'ils ont su exploiter ce talent, ont également toujours été admiratifs devant tant de puissance. On dit ainsi du cheval qu'il est un « buveur de vent », tellement sa vitesse est époustouflante, à l'égal de celle de la brise…

PUR-SANG ARABE

Les amateurs d'art s'accordent à dire que le portrait de Mona Lisa par Léonard de Vinci est une œuvre exceptionnelle. Pour les amoureux des chevaux, ce portrait d'une jument pur-sang arabe au doux regard, s'il n'égale pas le tableau du maître, est aussi délicat que la célèbre toile exposée au musée du Louvre à Paris.

PUR-SANG ARABE

Toute la puissance du cheval ! Face à l'objectif, ce pur-sang arabe au poitrail musclé arrive au triple galop, soulevant derrière lui un nuage de poussière. Il est fier, sûr de lui, confiant dans sa force et son équilibre. Il vient vers nous. Entendez-vous son souffle et ses sabots qui frappent le sol en cadence ?

PAGES SUIVANTES

Un mélange subtil entre la lumière du désert et l'environnement exotique met en valeur le modèle parfait du cheval. Le camaïeu de gris et de sable sublime la situation : un mur vient de stopper l'élan d'un pur-sang arabe lancé dans une folle galopade. La queue en panache, les oreilles tournées vers l'objectif, le bel étalon esquisse un geste où se mêlent légèreté et grâce.

Connemara

Ce fougueux poney connemara a une robe dite « isabelle » avec les poils couleur « café au lait », les crins et les extrémités des membres noirs. L'origine du nom de cette robe est étonnante : on raconte qu'il viendrait du prénom de la reine d'Espagne, Isabelle de Castille, dite la Catholique qui, lors du siège de la ville de Grenade en 1491, aurait fait le vœu de n'enlever sa chemise qu'une fois la ville reprise aux Maures. Forcément, le siège de la ville a duré : la chemise a jauni et les manches sont devenues noires !

L'allure et la puissance du cheval ont toujours suscité l'admiration des hommes, qui l'ont ainsi mis en avant dans nombre de contes et légendes. Bucéphale, puissant cheval indomptable, devint ainsi la mythique monture d'Alexandre le Grand, tandis que Bayard, bien que chevauché par quatre frères, comme le raconte la *Chanson* de Renaut de Montauban, avançait toujours bravement. En le montant, les hommes se sont un peu approprié de sa puissance, de sa force. Juchés sur son dos, les empereurs et les rois avaient eux aussi plus d'allure ! Quel peuple aurait acclamé un grand homme s'il s'était déplacé à pied au milieu de la foule ?

PAGE PRÉCÉDENTE

PUR-SANG ARABE

Un petit flehmen qui nous fait sourire, chez ce pur-sang arabe à la robe truitée. Le cheval est un être extrêmement sensible et il sait utiliser au mieux tous ses sens, de l'odorat à l'ouïe, en passant par le toucher du bout des lèvres et des vibrisses, ces longs poils tactiles autour de sa bouche. Il a ainsi tous les atouts pour appréhender son environnement et s'y adapter.

PUR-SANG ARABE

Ce pur-sang arabe fait la démonstration parfaite d'un trot aérien qui subjugue les fans de la race. Son élégance est reconnue partout dans le monde. Chaque année, on peut admirer les plus beaux sujets lors d'un championnat du monde du pur-sang arabe à Paris, où des juges notent les modèles et leurs allures. Parmi ces chevaux, certains sont uniquement élevés pour le show, tandis que d'autres vont briller en compétition d'endurance ou en course.

PURE RACE ESPAGNOL

Le corps des chevaux peut se diviser en trois zones. L'avant-main (la tête, l'encolure et les antérieurs) commande la direction et l'équilibre. Le corps (toute la ligne du dessus avec le garrot, le dos et les reins) fait la liaison avec l'arrière-main (la croupe et les postérieurs), qui permet la propulsion. Parmi les différentes races, l'esthétique peut varier et chacun peut trouver cheval à son goût, mais tous les éleveurs recherchent l'harmonie entre les trois régions du corps.

PURE RACE ESPAGNOL

Le soleil d'Espagne vient projeter l'ombre de ces deux étalons sur le mur d'une arène andalouse. Plus que chez des représentants d'autres races de selle,

la croupe puissants. Ce sont des chevaux dont la morphologie naturelle permet aux écuyers expérimentés, comme ceux de la *Real Escuela Andaluza del Arte Ecuestre* (« École royale andalouse d'art équestre »), de les mettre plus facilement aux airs de haute école.

Lipizzan

Ce lipizzan est d'une beauté à couper le souffle et cette scène, en ce lieu, est on ne peut plus originale. Cette enfilade de colonnes flatte la beauté du cheval. On admire sa fougue, son port de tête altier et surtout son équilibre au galop. Dans ce décor, ce magnifique cheval a l'air de se sentir parfaitement à l'aise. Évidemment, les lipizzans de l'École espagnole de Vienne, en Autriche, sont habitués aux plus belles écuries, alors ce patio ne va pas impressionner notre bel étalon !

TENNESSEE WALKING HORSE

Oreilles redressées, oreilles tombantes, oreilles plaquées contre le crâne...
Les oreilles sont un moyen de communication efficace.
À gauche, on peut ainsi voir que ce magnifique tennessee walking horse gris est tranquille et confiant, tout en restant attentif à son environnement, ses oreilles tendues vers l'avant.
Ci-dessous, sans aucun doute possible, nous avons là un cheval en train de sommeiller, détendu et zen. Ses oreilles sont couchées sur le côté, sa tête est basse. Lors d'un sommeil profond, la lèvre inférieure va se relâcher au point de pendre un peu, et les yeux seront fermés.

Les hommes parlent différentes langues à travers le monde. Les chevaux, eux, « parlent » tous le même langage. Ils s'expriment par des sons comme les hennissements, les couinements, les renâclements, les soupirs ou l'ébrouement, mais surtout avec leurs corps. Les oreilles, organes de l'ouïe que le cheval a très fine, sont aussi l'une des parties du corps les plus mobiles. Elles permettent donc aux chevaux de s'exprimer et de comprendre leurs congénères.

Évidemment, le mouvement des oreilles s'accompagne généralement de plusieurs autres réflexes pour clarifier le message. Finalement, c'est toute une gamme de postures – mouvements des oreilles, des yeux, des naseaux, de la queue, des jambes – que le cheval a à sa disposition. En plus, il peut y mettre des nuances, selon le degré d'énervement, d'intimidation ou de soumission qu'il veut communiquer.

Imaginons une jument qui souhaite faire une petite sieste réparatrice. Si l'un de ses congénères l'approche, il lui suffit de coucher les oreilles (signe de mécontentement) et de lever un peu un postérieur (signe d'intimidation avant le lancer d'un coup de pied) pour signifier sans ambiguïté (traduction en langage humain) : « Laisse-moi tranquille, je veux rester seule dans mon coin pour l'instant ! »

chevaux », comme on les appelle, savent reconnaître du premier coup d'œil l'humeur d'un cheval et son état de santé. Ils sont en mesure d'en prévenir les réactions – de peur, parmi d'autres –, d'anticiper le mouvement de l'animal. Qu'un cheval pointe ses oreilles, relève son encolure et tende soudain ses muscles sous la selle, le cavalier saura immédiatement que sa monture est en état d'alerte et qu'elle peut réagir par un écart ou par la fuite, si l'objet de son attention devient un danger potentiel. L'homme ou la femme de cheval expérimentés sauront au fil du temps analyser de plus en plus finement ce langage et anticiper les réactions équines, par exemple en parlant d'une voix douce pour rassurer le cheval, en le caressant ou en l'encourageant à aller de l'avant d'une pression de jambes. Toute la relation du cavalier et de sa monture est basée sur la confiance et le respect réciproque qu'ils vont apprendre à mettre progressivement en place.

HANOVRIEN

D'une rare beauté, cette jument d'origine allemande est magnifiquement mise en valeur. Notons sa superbe robe bai foncé. Par le jeu des lumières, tous les détails de la tête et de l'encolure sont mis en avant chez cette hanovrienne. Cette race est très appréciée aujourd'hui, notamment en saut d'obstacle ou en dressage. Piontée, c'est-à-dire nattée, elle est d'ailleurs prête à concourir !

« Les chevaux sont des créatures mystérieuses, ou divines. »

Proverbe indien

Shire

Dans la pénombre, un coup de flash révèle un shire comme statufié. Grand, puissant, il incarne une force tranquille apaisante pour le spectateur qui l'admire. Les chevaux ont cette capacité extraordinaire de ressentir nos humeurs mais également de nous transmettre des émotions qui nous bouleversent jusqu'au fond de l'âme.

WELSH

Ce poney welsh à la robe originale, alezane avec des crins lavés, fait partie d'une race particulière de poneys d'origine anglaise, divisée en quatre catégorie (A, B, C et D) selon la taille. Tous les welshes sont très appréciés pour leur élégance, leur endurance et leur résistance. Ce sont des poneys qui peuvent être montés par tous les cavaliers, des jeunes aux adultes pour le welsh D, et des poneys polyvalents qui brillent dans toutes les disciplines, notamment en attelage pour le welsh C.

Tinker

Son œil bleu attire tout de suite le regard, de même que son interminable crinière et sa robe colorée. Compagnon des gitans irlandais dont il tirait les roulottes, son véritable nom est *irish cob of gipsy type*, mais on l'a surnommé *tinker*, ce qui signifie « gitan » en anglais. Toutes les robes sont admises, même si la pie est l'une des plus recherchées chez ce cheval très attachant.

PAGE PRÉCÉDENTE

Tinker

Mouvement de crinière original pour ce tinker. Vient-il de lever brusquement la tête en faisant voler sa belle crinière, ou bien cette dernière a-t-elle été soulevée par une bourrasque ? La première hypothèse paraît plus plausible. Ses oreilles tournées vers l'arrière, son regard fixe, bien qu'un peu caché par ses longs crins, et ses naseaux grands ouverts semblent indiquer qu'il vient de découvrir quelque chose qui l'intrigue au plus haut point !

Shire

S'il ne fallait citer qu'une race pour illustrer la puissance des chevaux, ce serait celle-là ! Le shire, d'origine anglaise, atteint la plus haute taille au garrot avec des sujets dépassant facilement les deux mètres. Forcément, sa morphologie, sa musculature sont en adéquation avec sa taille impressionnante. Sur ses jambes, on voit de longs fanons qui donnent encore plus d'allure à ce cheval lorsqu'il est en mouvement. De lui, on peut dire que c'est une force de la nature. Nature que ce shire semble apprécier, en mettant toute son énergie à faire voler autour de lui la neige dans ce décor hivernal.

SHIRE

On pourrait croire que ces chevaux dits « lourds » sont sans grâce ni élégance, mais il n'en est rien. Certes, leur morphologie est plus imposante que celle d'autres races, mais les joyeux bonds de ce shire prouvent que sa puissance n'a d'égale que son aisance à se mouvoir.

PURE RACE ESPAGNOL

Et dire que des cavaliers ont parfois du mal à obtenir un bel engagement des postérieurs de leurs montures pour sublimer leurs mouvements ! Ce pure race espagnol démontre avec brio, s'il le fallait encore, que les chevaux en liberté ont forcément belle allure !

Shire

Toujours parfaitement à l'aise, même sur trois pieds, notre lourd shire n'arrivera peut-être pas, comme certains poulains, à se gratter l'oreille avec un postérieur, mais il fait preuve déjà d'une belle souplesse et d'un excellent équilibre !

Frison

Grâce à l'écrivain Walter Farley, dans la tête de tous les amoureux des chevaux galope un étalon noir. Dans son roman, il s'agit d'un pur-sang arabe, mais cet étalon frison à la robe d'ébène ne lui cède en rien en termes d'élégance, la puissance en plus. Dans un équilibre parfait, il galope « fier comme Artaban ».

Toujours à la recherche de chevaux plus beaux, plus puissants, les hommes ont façonné des races pour leur plaisir, pour la guerre (hélas) ou le travail. Le frison est ainsi l'un de ces chevaux créés par des hommes qui ont souhaité allier l'élégance à la puissance. C'est l'une des races européennes les plus anciennes. Si l'on veut parler de chevaux d'allures, les frisons s'imposent ! Ils ont notamment un trot extraordinaire, pour lequel ils relèvent très haut les genoux. Longtemps, les hommes ont apprécié ce cheval pour le travail des champs, puis pour concourir dans des épreuves d'attelage. Avec leur robe, toujours couleur d'ébène, l'attelage faisait grande sensation, et quand les frisons se mettaient au trot, relevant leurs jambes ornées de longs fanons, les murmures d'admiration se faisaient entendre...

FRISON

À l'image de ce modèle exceptionnel de frison, la race porte avec élégance une crinière et une queue aux crins légèrement ondulés. Beau à l'extérieur, c'est aussi un cheval au caractère doux et proche de l'homme. Aujourd'hui, les éleveurs tendent à alléger les modèles pour leur permettre de briller en dressage. En voyant ce bel étalon poser avec autant de prestance et de charisme, on ne doute pas qu'il pourrait faire chavirer le cœur des juges...

Bien avant que les frisons ne viennent au dressage, d'autres races s'y illustraient déjà avec brio. Ce holstein, cette fois, n'est pas à l'œuvre dans son rectangle de dressage, mais s'ébroue avec un bonheur manifeste dans un champ de colza. Il est un beau représentant de cette race allemande qui excelle dans la discipline. Les éleveurs ont mis un soin particulier, depuis plusieurs générations, à produire des chevaux de grande qualité, comme d'autres chevaux typiquement germaniques, tels le trakhener ou le westphalien.

Le cheval de dressage doit être assez musclé pour se mouvoir avec aisance, assez puissant pour se porter en avant, assez léger dans son avant-main pour rester à la fois élégant et maniable. Et tout en restant parfaitement aux ordres, il doit savoir garder une belle énergie. Le dressage moderne a privilégié ces races plutôt que d'autres – comme le pure race espagnol ou le lipizzan – considérées comme plus baroques et plus aptes au rassemblé qu'à l'allongement. Mais il semble aujourd'hui que tous, sans exception, puissent trouver leur place en dressage, y compris le frison.

Holstein

Ce magnifique cheval possède une musculature parfaite. Il trouve ses origines en Allemagne dès le XIVe siècle dans un monastère près de l'Elbe. Au Moyen Âge, le holstein était un animal plutôt lourd destiné à la guerre, mais des apports de sang arabe, espagnol, napolitain puis de pur-sang anglais ont métamorphosé la race. Aujourd'hui, le holstein a beaucoup de prestance et ses qualités en font un excellent cheval de saut d'obstacle.

Pure race espagnol

Pour beaucoup de races, une longue crinière met encore plus en valeur une encolure puissante, un poitrail éclaté et une tête bien faite. La robe alezan doré de ce pure race espagnol est ainsi tout simplement sublimée par ses crins argentés, assez rares chez les chevaux.

Irish cob

Cet irish cob se cache derrière sa frange, qu'on nomme « toupet » chez les chevaux. La race est connue pour avoir des crins abondants et des fanons sur les jambes. Un « cheval de crins », en quelque sorte...

Pure race espagnol

Changement de couleur pour ce pure race espagnol qui arbore une robe grise avec des pommelures. Beaucoup de chevaux gris voient leur robe s'éclaircir davantage avec l'âge.

Pure race espagnol

Classique, la robe baie portée par ce pure race espagnol se retrouve chez la plupart des races, mais elle est ici particulièrement brillante. Les poils marron semblent comme teintés de rouge, on dit alors que le cheval porte une robe bai cerise.

PURE RACE ESPAGNOL

La robe alezane, c'est-à-dire composée de poils et de crins d'une couleur marron fauve, est dite « simple », mais à voir ce charismatique pure race espagnol, on ne peut pas le confondre avec un autre cheval de même robe.

Les chevaux adorent la liberté et le plus vieux, le plus lourd des chevaux de trait se roule dans l'herbe ou se lance dans un galop maladroit lorsqu'il se retrouve libre et en plein air. ”

GÉRARD RAFTERY, ÉCRIVAIN

La liberté sied aux chevaux. Ce cheval de trait a naturellement un port de tête altier, un galop fier et une prestance indéniable. Un tel colosse aux lourds sabots dégage une puissance hors du commun.

Les robes, la longueur des crins, le port d'une ou de plusieurs balzanes : les critères de sélection des chevaux sont nombreux. Chaque stud-book précise les caractéristiques de la race, allant jusqu'à refuser certaines robes pour garder une homogénéité.

C'est justement pour une question d'homogénéité que les militaires ont choisi de ne monter que des chevaux bais ou alezans. Certains gris ou pie sont tout de même mis en valeur dans des régiments de cavalerie pour porter le tambour, par exemple.

Les écoles d'art équestre présentent chacune des chevaux bien différents, par leurs races mais aussi par leurs robes. Au Cadre noir de Saumur, en France, les chevaux seront principalement des chevaux de selle français bais ou alezans. À l'École royale andalouse d'art équestre de Jerez, en Espagne, ce seront des pure race espagnols gris. À l'École espagnole de Vienne, en Autriche, ne seront montés que des étalons lipizzans gris, tandis que l'École d'art équestre de Lisbonne, au Portugal, présente de puissants alter real bais.

PURE RACE ESPAGNOL

Un œil expressif, une encolure forte, de longs crins et un chanfrein busqué ? Vous avez deviné, ce beau gris truité est un pure race espagnol.

CI-CONTRE
Appaloosa
Les appaloosas ont été créés en Amérique du Nord par la tribu indienne des Nez-Percés, installée près de la rivière Palouse. Il est vif et résistant et n'est plus seulement cantonné à la monte western, mais se distingue aujourd'hui dans des disciplines équestres plus classiques, comme le TREC (Technique de randonnée équestre de compétition).

Württemberg
Magnifique portrait d'un württemberg, cheval allemand musclé et résistant. Autrefois destiné aux travaux des champs dans sa région d'origine, il est devenu un cheval de sport prisé, comme beaucoup d'autres races allemandes sélectionnées pour leurs aptitudes à devenir des athlètes hors pair.

Trakhener
Autre exemple de la réussite de l'élevage allemand, ce superbe trakhener est prêt à se mesurer à d'autres compétiteurs dans les plus grands concours internationaux.

Parmi tous ces portraits, celui d'un pur-sang arabe, ci-dessus, est là pour rappeler que ce cheval a influencé presque toutes les autres races. On retrouve du sang arabe même chez les chevaux de trait, tel le percheron français, par exemple. Sans les apports de sang de la race, il aurait été difficile aux hommes de créer d'autres races de selle comme ce pinto à la belle robe pie. Bien qu'originaire d'Amérique, il est le descendant des chevaux des conquistadores, issus d'un croisement de chevaux locaux et de pur-sang arabes.

Tersk
Notre voyage continue avec ce tersk d'origine russe, qui compte également parmi les chevaux façonnés à partir des pur-sang arabes. Le tersk est un bon sauteur, intelligent et très endurant. Il brille aussi bien en course qu'en attelage ou sous la selle, notamment lors de courses d'endurance. Les chevaux russes sont, hélas, encore peu présents hors de leur pays d'origine, mais leurs qualités devraient les rendre de plus en plus populaires dans le monde.

ISLANDAIS

S'il en est un qui a de l'allure, c'est bien l'islandais. Célèbre pour son *tölt*, une allure à quatre temps extrêmement confortable pour le cavalier, il peut aussi pratiquer l'amble, où les deux jambes du même côté se lèvent et se posent en même temps. C'est également un cheval affectueux, et sa petite « bouille » avec ses longs crins en bataille en fait « craquer » plus d'un !

LUSITANIEN

Une pose de danseur classique pour ce lusitanien, originaire du Portugal et cousin du pure race espagnol. Comme lui, il a un équilibre naturel qui le prédispose à briller dans les exercices de haute école.

PAGES SUIVANTES

PUR-SANG ARABE

Un proverbe arabe dit que « l'air du paradis est celui qui souffle entre les oreilles d'un cheval ». Cet étalon pur-sang arabe gris qui se cabre, d'une beauté hiératique, laisse à penser que les hommes trouveront la plénitude aux côtés des chevaux.

Les hommes ont toujours été fascinés par l'animal cheval. Il reste sa plus noble et plus belle conquête, et l'Histoire n'aurait pu se faire sans le cheval. Des civilisations entières, comme celle des Mongols sur leurs petits poneys, ont traversé les siècles et survécu grâce aux chevaux. L'homme a pu travailler la terre, parcourir le monde, guerroyer, parader puis, plus tard, se mesurer à d'autres en compétition.

Au moment où le chemin de fer, la voiture ou l'avion auraient pu sonner le glas des équidés, ceux-ci se sont encore rapprochés des hommes. Dans les clubs, les écuries, les haras, cavaliers débutants ou professionnels sont toujours attirés par les chevaux et recherchent, selon leurs motivations ou leurs goûts, le plus beau, le plus puissant, celui qui a les plus belles allures, la plus jolie robe ou encore le caractère le plus doux. Car il ne faut pas oublier que ce puissant animal est aussi l'un des plus gentils. Et c'est justement cela qui fascine l'homme : un animal aussi puissant, aussi noble, qui accepte de se soumettre à la volonté humaine sans perdre de sa superbe, de son allure majestueuse et fière.

Côté tendresse

En pénétrant dans son regard, c'est une vague d'émotion intense que l'on ressent. Le fier destrier cache une âme si pure ! Tant d'innocence, tant de douceur nous bouleversent, quand un jour la merveilleuse rencontre de son esprit et du nôtre fait voler en éclat toutes les lois de la nature.

Son poil est encore mouillé. Il s'empêtre un peu avec ses longues jambes, mais tenace, après quelques essais infructueux, il arrive à se lever. Sa mère vient le voir, le lèche et le guide vers ses mamelles : la première tétée est vitale. Là aussi, il tâtonne un peu. Il vient d'arriver dans ce monde il y a quelques minutes à peine, et déjà il doit apprendre à marcher, à manger... C'est un effort considérable pour un poulain ! Une sieste s'imposera après son premier repas. Pour jouer avec les poulains du pré, ça attendra encore un peu, mais plus tard, il ne sera pas le dernier à galoper et s'aventurer de plus en plus loin de sa mère, pour découvrir le monde. Pendant des mois, la jument veillera avec tendresse mais fermeté sur son poulain, jusqu'à ce qu'il la quitte. Il se liera d'amitié avec d'autres chevaux, des juments ou de jeunes mâles, selon son sexe. Il deviendra peut-être même un bel étalon et courtisera de jolies juments pour fonder lui aussi une famille. Ainsi va le cycle de la vie...

Welsh

Ce poulain welsh, avec ses longs cils qui ourlent un regard interrogateur, et son petit nez duveteux, est tout simplement à croquer !

Quarter-horse

Dans la catégorie « bébés animaux », beaucoup nous font craquer, et le poulain ne déroge pas à la règle. Comment ne pas fondre devant un jeune quarter-horse en train de téter sa maman ?
Le galop du petit pur-sang arabe ci-contre, apparaît encore un peu... désordonné ! Avec ses oreilles mobiles, son regard en amande, son petit nez et ses longues jambes, ce cheval en miniature, bien que d'aspect fragile, est déjà un petit costaud. Trois ou quatre heures après sa naissance, il est capable de suivre son troupeau au galop.

PAGES PRÉCÉDENTES

Durant les premières semaines de sa vie, la jument sera la seule référence du poulain. Seulement une demi-heure après sa naissance, la jument s'est imprégnée de l'odeur de son petit et pourra le reconnaître parmi les autres nouveau-nés du troupeau. Lui, mettra un petit peu plus de temps à la repérer parmi les poulinières. Mais bientôt il répondra à ses hennissements et saura l'identifier grâce à son odeur et à sa vue.

PUR-SANG ARABE

Le premier initiateur du poulain, dans l'apprentissage de la vie, c'est sa mère. Elle lui apprend à éviter les plantes toxiques, à bien se comporter envers les autres membres du troupeau, à analyser les bruits et les odeurs pour se prémunir du danger, etc. Le poulain va se calquer sur ses mouvements. Ainsi, le poulain pur-sang arabe (ci-dessus) et la pouliche hanovrienne (ci-contre) l'ont vite compris : on regarde dans la même direction que maman !

Pur-sang arabe

Ce poulain pur-sang arabe n'a plus aucun souci de coordination motrice et son galop est aussi élégant que celui de ses aînés, dont il a déjà toutes les caractéristiques avec ses petites oreilles mobiles, son large front, son chanfrein concave, sa queue portée en panache et ses muscles si bien dessinés.

Pages suivantes

Akhal-téké

Un petit galop tranquille pour cette jument akhal-téké et son poulain. Cette race d'origine russe est particulière. Doués pour les courses de vitesse et d'endurance, certains sujets présentent une robe extraordinaire aux reflets métalliques. Un cheval « d'or » ou « d'argent », en quelque sorte…

La mise bas achevée, la jument se lève et commence à lécher son petit, pour s'imprégner de son odeur, mais également pour le réchauffer et le nettoyer. Ce geste d'amour est plutôt vigoureux, car il faut sécher le petit être mouillé qui vient de voir le jour. On ressent une grande douceur chez la jument, notamment quand elle doit aider son poulain à trouver ses mamelles. En effet, dès la naissance, le foal a un réflexe de succion, mais il n'est pas toujours facile de trouver le « bon endroit ». Le poulain tâtonne, suce parfois le premier objet lui tombant sous la bouche, mais la jument vient vite à son aide. Elle le pousse gentiment du bout du nez pour lui indiquer où sont ses mamelles. Lors de cette première tétée, le poulain va boire un lait spécial nommé « colostrum ». Épais, de couleur jaunâtre, il contient les anticorps de la jument. En les transmettant ainsi à son petit, elle lui permet de se défendre contre les microbes et bactéries, et de former son propre système immunitaire.

AKHAL-TÉKÉ

L'influence de la mère sur le poulain est importante. Chargée de son éducation, cette jument akhal-téké a évidemment transmis ses gènes à son poulain, mais sa manière de l'éduquer va aussi influencer son caractère et son humeur. On remarque ainsi souvent, dans les élevages, qu'un poulain dont la mère est proche de l'homme devient lui aussi sociable avec les « bipèdes », tandis qu'une poulinière plus farouche aura tendance à produire un poulain plus timide et réservé envers l'homme.

AKHAL-TÉKÉ

Ce jeune akhal-téké a compris que la queue de sa maman, bien plus fournie que la sienne, était idéale pour chasser les mouches. Il y trouve un parfait refuge, non loin des mamelles, ce qui lui permettra de téter régulièrement : jusqu'à soixante-dix fois dans la journée !

Dans la nature, le poulain cessera de téter sa mère vers l'âge de un an, généralement lorsqu'elle donne naissance à un petit frère ou à une petite sœur. Il peut cependant rester à son côté jusqu'à l'âge de deux ans et être autorisé à téter une fois de temps en temps. La relation entre la poulinière et ses petits est extrêmement forte. Une jument et sa pouliche peuvent ainsi entretenir des liens étroits, parfois durant leur vie entière.

En revanche, à la puberté, vers l'âge de deux ans et demi, les jeunes mâles sont chassés par l'étalon du troupeau. Ils s'en vont alors former des « bandes » de jeunes célibataires. Plus âgés et plus forts, ils reviendront plus tard défier leur propre père ou l'étalon d'un autre troupeau, pour ravir une femelle et former ainsi de nouveaux harems.

L'avantage des longues jambes du poulain, c'est qu'elles lui permettent de se faire des gratouillis sur tout le corps. Il n'est pas rare de voir un poulain sur trois pieds utiliser un postérieur pour se gratter une oreille. Devenu adulte, le cheval pourra répéter l'exercice mais, au vu de sa masse, cela deviendra un peu plus périlleux !

Shire

Ce jeune shire semble claquer des dents. Chez le poulain, cette mimique, répétée plusieurs fois, exprime la soumission face à un dominant, ici un adulte. Chez les chevaux en liberté, les poulains sont « remis à leur place » par n'importe quel membre de la troupe s'ils prennent trop de latitudes. Ils apprennent ainsi facilement la hiérarchie dans le groupe et s'y plient tout naturellement.

Au sein du troupeau, la notion de dominant et de dominé n'induit pas des luttes incessantes. La structure sociale se met simplement et naturellement en place et chacun y trouve son rôle.

Dans son rapport avec l'homme, le cheval peut donc aisément assimiler qu'il doit accepter l'humain comme étant le dominant. Évidemment, ce dernier doit être un dominant respecteux pour être respecté. Pour ce faire, il doit donner des ordres simples et s'y tenir dans le temps. Le cheval étant un animal extrêmement sensible, il accepte volontiers de se tenir à une certaine discipline si celle-ci est menée sans brutalité. L'homme, pour se faire comprendre du cheval, peut ainsi reproduire l'escalade des « menaces » des équidés. Un cheval fait-il mine de mordre ? Un « ncn » prononcé d'une voix forte et ferme, un regard appuyé en direction du fautif et une attitude de leader (épaules dégagées, on se grandit) suffit bien souvent à décourager le cheval sans qu'il y ait besoin d'utiliser la force. Cette approche, tout en douceur et fermeté et qui respecte la nature intrinsèque du cheval est de plus en plus enseignée. En effet, l'éthologie, l'étude des comportements des animaux dans leur milieu naturel, nous a aidés à mieux comprendre les équidés, et donc à reproduire leurs schémas de langage pour communiquer en harmonie avec eux.

Se plier aux règles de savoir-vivre du troupeau n'empêche pas toujours de faire des bêtises et d'embêter sa maman ou de lui faire des gratouillis pour qu'elle s'occupe de sa progéniture ! Attention, petit chenapan, maman a les oreilles couchées, elle pourrait bien ne pas apprécier !

PAGES SUIVANTES

NORIKERS

Ces deux norikers, de race d'origine autrichienne, sont a priori deux bons amis, puisqu'ils acceptent la présence de l'autre sans marquer aucun signe d'énervement ou de mécontentement. Au contraire, ils ont l'air serein et semblent apprécier d'être ensemble. Les chevaux sont des animaux fidèles et, dans la nature, une amitié entre deux équidés peut durer toute une vie.

Regard tendre pour ce cheval alezan avec sa jolie liste blanche sur le chanfrein. Une telle pose, et ces grands yeux qui nous fixent nous ouvrent un monde de douceur. Le calme et la sérénité des chevaux est un bienfait pour celui qui les côtoie.

RES

nt beau être déjà grands
issants, on voit dans
gard de ces deux jeunes
s toute la curiosité dont
preuve les poulains,

« L'extérieur du cheval exerce une influence bénéfique sur l'intérieur de l'homme. »

WINSTON CHURCHILL, 1874-1965

De réels liens affectifs se tissent entre les chevaux d'un même groupe. Il ont parfois un « ami pour la vie », comme cela semble être le cas ici. Tous deux se déplacent en duo et se protègent mutuellement.

Si l'on prive le cheval domestiqué de contacts avec ses congénères, il peut développer des comportements déviants, comme le tic de l'ours (il se balance sans cesse d'un antérieur sur l'autre) ou le tic aérophagique (le cheval avale de l'air, en s'appuyant parfois avec ses dents sur le bord d'une porte, de la mangeoire, etc.). Ce sont des manifestations de stress ou d'ennui parce que le cheval est seul, souvent laissé au box de nombreuses heures durant, sans possibilité de se défouler et de nouer des liens avec d'autres chevaux.

Parfois, un animal d'une race différente, une chèvre, un lapin ou même une poule peuvent aider à briser la solitude d'un cheval, mais rien ne vaut la compagnie de un ou de plusieurs congénères. Le cheval a besoin de les voir, de les toucher, de jouer avec eux pour garder un bon moral. Évidemment, il n'est pas aisé de mettre nos chevaux domestiqués – et donc ferrés – ensemble dans un même paddock sans risquer des blessures. On peut cependant séparer les paddocks avec des barrières de hauteur moyenne pour laisser aux chevaux le loisir de se faire des gratouilles mutuelles (on appelle cela *grooming*), de « piquer » ensemble des galops le long de la clôture, et de pouvoir ainsi nouer des liens d'amitié.

PURE RACE ESPAGNOL

L'encolure arquée pour être encore plus beau, cet étalon pure race espagnol gris touche délicatement du bout du nez la jument alezane, pour lui signifier qu'il aimerait beaucoup la courtiser... À cet instant, la « demoiselle » semble hésitante, mais ses oreilles bien en avant semblent indiquer qu'elle ne va pas renvoyer le galant.

Ponette

Un charmant pas de deux pour un duo attendrissant. C'est au même rythme que vont cette jolie ponette aux allures légères et sa pouliche. Une fois que la pouliche aura grandi, peut-être seront-elles attelées en paire pour tirer une petite carriole ? En effet, la petite taille des poneys ne constitue pas du tout un handicap pour les atteler, bien au contraire, car ils sont costauds et endurants. Au XIXe siècle, cette force n'a pas fait leur bonheur, puisqu'ils

KNABSTRUP

Un regard doux et bienveillant pour cette jument à la robe originale. Le knabstrup est un cheval de selle intelligent, au caractère doux. Au Danemark, son pays d'origine, il est notamment apprécié pour ses qualités en dressage. La robe de style dalmatien est très prisée par les artistes de cirque, même si des écuyers plus classiques s'essayent aussi avec lui aux airs de haute école.

HAFLINGER

Le grand souci des poulains, c'est leurs longues jambes. Chez les yearlings, elles sont disproportionnées par rapport au reste du corps. Pour atteindre l'herbe rase d'un pré et brouter, les poulains, comme ce jeune haflinger, doivent donc faire preuve d'inventivité et de souplesse.

Ces deux-là pratiquent ce qu'on nomme un « grooming » et qui désigne les massages et gratouilles que se font mutuellement deux chevaux amis. En utilisant ses dents, le cheval offre à son camarade un massage plus énergique que s'il n'utilisait que ses lèvres.

WELSH

Avec un tel profil, impossible pour ce jeune welsh de renier le sang arabe qui coule dans ses veines. Cependant, il y a ce « petit quelque chose » chez lui qui fait qu'on reconnaît le type poney plutôt que cheval. Peut-être cette irrésistible envie de déposer un bisou sur le bout de son nez ?

FLEHMEN

Tout aussi drôle, le flehmen de ce jeune poulain à la robe isabelle. Remarquez sur ses jambes les zébrures, marques dites « primitives » pour indiquer qu'elles étaient présentes chez les races anciennes. On les retrouve notamment chez les chevaux de Przewalski ou chez certains mustangs d'Amérique.

Grain de folie

Dans le langage populaire, la folie désigne l'état d'une personne, ou d'un animal dont le comportement semble incohérent et n'avoir aucun sens pour celui qui l'observe. Peut-on alors dire que les chevaux ont un grain de folie ? Certainement, si on en croit Sénèque qui nous dit qu'on « ne trouve guère un esprit qui n'ait un grain de folie » !

Le cheval libre va parcourir en moyenne une quarantaine de kilomètres par jour, le plus souvent au pas. Nul besoin pour lui de se défouler. Il préfèrera garder de l'énergie pour fuir au galop devant un prédateur ou s'il s'agit de l'étalon du troupeau, pour chasser un intrus en se cabrant. Les chevaux sauvages bougent, galopent… Leurs mouvements sont liés à leur instinct de survie et à leurs codes sociaux.

Mais ces « grain de folie », si facilement dénommés par l'homme, concernent aussi des chevaux dressés et lâchés en liberté après des heures passées dans leur box. Ruades, sauts, démarrages en trombe, cabrioles libèrent ici un trop plein d'énergie. Le cavalier est souvent surpris de voir son cheval préféré, d'habitude si tranquille, partir dans un grand délire de mouvements le jour où il est lâché dans un paddock !

IRISH COB

Vent de folie dans la crinière de ce magnifique irish cob. Les *tinkers*, comme on les nomme également, ont des crins fournis, mais ce modèle puissant possède une crinière particulièrement longue. Notons que les crins s'accordent avec la couleur de la robe : blancs sur l'encolure, plus foncés au niveau du crâne avec un toupet noir. Un bicolore parfait !

Haflinger

Chez les jeunes mâles d'un troupeau, il existe un rêve un peu « fou », celui de prendre la place de l'étalon ou au moins de lui voler quelques juments pour fonder un nouveau harem. Mais pour cela, il va falloir se battre. Les jeunes apprennent donc très tôt les rudiments du combat dans des joutes simulées. Ils se cabrent, se mordillent l'encolure, se bousculent. Ces deux jeunes haflingers sont en train de mettre en pratique cette version édulcorée des rixes qu'ils devront mener plus tard, la répétition des gestes leur permettant de s'y préparer.

Pages suivantes

Troupeau d'haflingers au galop dans la neige.

Grain de folie

Folie des grandeurs... pardon des hauteurs ! Rencontre un peu spéciale entre le plus grand des chevaux, le shire à gauche et le plus petit des poneys, le shetland à droite. S'ils n'ont pas la même taille au garrot, loin s'en faut, tous deux sont appréciés pour leur bon caractère et leur puissance. Effectivement, si un shire peut tirer des poids importants, le shetland est tout aussi costaud malgré sa petite taille : certains ont prouvé qu'ils pouvaient porter un adulte sur plusieurs dizaines de kilomètres ! Ces deux races ont été durant des siècles proches de l'homme et l'ont servi avec loyauté et fidélité, pour transporter des charges, travailler la terre, se déplacer avant que les « chevaux-vapeur » ne viennent leur faire concurrence.

Est-ce folie que de vouloir se protéger des méchants insectes qui piquent la peau fine ? Pas si fou, ce foal a bien compris que les crins de sa mère, bien plus longs que les siens, étaient le refuge idéal contre les taons et autres mouches plates.

Chez les poulains, la liste des sauts bizarres et en tout genre est bien plus longue que chez les adultes, souplesse de la jeunesse oblige. Ce foal nous fait une magnifique démonstration d'un « saut de carpe » avec une belle extension des postérieurs pour se projeter en l'air. Son œil écarquillé et ses oreilles en arrière nous indiquent que quelque chose dans les hautes herbes l'a effrayé. Ce bond original devrait être suivi d'un galop à fond de train pour fuir le danger.

Histoire d'un cavalier et de sa monture. Le cavalier sort son cheval du box et l'emmène dans un grand paddock de sable. Bien dressé, l'équidé se laisse enlever son licol et s'éloigne tranquillement du bipède. Le nez au sol, il souffle bruyamment. Il cherche sa « zone de roulage ». Un endroit lui semble propice. Il plie les antérieurs, se met à genoux puis descend son arrière-main. D'un côté, puis de l'autre, il se roule avec délices dans le sable qui masse sa peau et ses muscles. Il se relève après plusieurs minutes et reste là une fraction de seconde. Du coin de l'œil, il observe le bipède derrière la barrière. Sans licol, sans filet, sans selle, oui, il est bien libre ! Et c'est l'explosion ! Chaque cheval aura son style mais en général, on notera une succession de sauts de mouton, de ruades, voire de croupades, entrecoupés de quelques foulées de galop rapide. Si, dans le paddock voisin, un congénère est de même humeur, alors notre cheval se cabre et lance quelques hennissements provocateurs ! Si un chien se met de la partie, la scène sera encore plus drôle : on peut faire la course avec lui ou faire semblant de charger ce quadrupède dont le cheval domestique sait à cet instant qu'il n'est pas un prédateur. Mais est-il devenu fou ? Non, il s'agit seulement d'une petite dose de « grain de folie » dont on s'amuse volontiers… quand nous ne sommes pas sur leur dos !

Qui a éteint la lumière? L'humour est au rendez-vous avec les facéties des poulains. Celui-ci ne recherche évidemment pas dans les crins de sa mère un masque anti-luminosité mais un abri contre les insectes. Un mouvement de queue de sa maman vient à l'instant de lui cacher les yeux.

« Pensez comme un cheval, mais ne le dotez pas de qualités, d'émotions ou de sentiments humains, parce que par bonheur pour lui, ce n'est pas un être humain. »

HENRY BLAKE, ÉCRIVAIN

Le « grain de folie » des chevaux peut paraître excentrique à ceux qui les connaissent mal mais leurs bizarreries n'en sont pas pour ceux qui les étudient attentivement. Domestiquées, la plupart de nos chevaux passent aujourd'hui la majorité de leur temps dans un box. Beaucoup en sortent pour se plier aux ordres d'un cavalier, sauter, dresser, etc.

Heureusement, de plus en plus de cavaliers comprennent qu'il est important pour les chevaux d'avoir un cadre de vie qui se rapproche plus de celui qu'ils connaissaient à l'état sauvage. Ils aiment bouger à leur rythme, brouter, galoper à leur guise. Beaucoup plus d'écuries proposent des sorties journalières dans de grands paddocks et cet état d'esprit doit perdurer pour que nos chevaux domestiqués gardent un équilibre physique et psychologique !

NORIKER

Rien de mieux qu'un blanc tapis de neige pour faire le « fou ». Ce noriker a l'air de particulièrement apprécier sa sortie hivernale.

Il est étonnant de voir que la plupart des mouvements dits « de folie » sont justement recherchés en haute école par les meilleurs écuyers du monde entier. La cabriole, la levade, la croupade, le piaffer et autres sont autant de mouvements que le cheval pratique en totale liberté et que les écuyers obtiennent après un long et patient dressage. En liberté, il suffit qu'une jument en chaleur apparaisse pour qu'un étalon se mette à piaffer et se cabre aussi bien qu'un cheval du Cadre noir de Saumur. Selon les écuyers et autres maîtres, l'équitation canalise l'énergie, les qualités et les capacités du cheval, jusqu'à le sublimer. D'autres, que nous nommerons plus humblement « cavaliers », seront beaucoup moins à l'aise si leur cheval se met à ruer ou à faire mine de se lever. Tout est question de point de vue... ou de niveau de compétence !

Là c'est folie ! Ce falabella espère-t-il vraiment, d'une seule toute petite ruade, se défaire du grand noriker à ses trousses ? Pourquoi pas ? En effet, la taille n'y fait rien chez les chevaux et il arrive fréquemment dans un troupeau que le plus petit soit le plus respecté !

Shetland

Et dire que des écuyers patientent des années jusqu'à obtenir une belle pesade ou levade, cette figure de haute école où le cheval lève son avant-main en pliant ses antérieurs! Ici, elle semble naturelle chez ce magnifique shetland à la robe tachetée.

Grain de folie

Étonnant cliché de l'instant précis où un jeune lipizzan se rue sur son copain de pré pour jouer. À n'en pas douter, le choc va être rude. Forcément, le jeu entre des animaux pesant à l'âge adulte entre 500 kilos et une tonne (pour les chevaux de trait) implique des contacts physiques forts mais, si les deux protagonistes sont sur le « mode jeu », même « jeu de bagarre », les blessures ne sont pas à craindre, sauf accident.

PURE RACE ESPAGNOL

Non, ce pure race espagnol gris foncé n'est pas en train de prendre fraternellement entre ses antérieurs son copain gris clair pour l'embrasser ou le saluer. Il s'agit d'un jeune étalon très entreprenant avec une jument du troupeau, qui a d'ailleurs l'air légèrement surprise de la fougue de son camarade. Son attitude reste cependant assez calme, preuve d'une certaine tolérance et familiarité entre les deux équidés.

OLDENBOURG

Les amateurs de sport équestre apprécient également l'oldenbourg, excellent sauteur, de race allemande. Le modèle ci-contre est particulièrement harmonieux avec sa robe alezane et ses trois balzanes blanches. Un proverbe populaire sur les balzanes dit : « Balzane un, cheval de rien, balzane deux, cheval de gueux, balzane trois, cheval de roi, balzane quatre, cheval à abattre ». Ce dicton, peu encourageant pour les chevaux en possédant quatre, est né de la croyance populaire qui voulait que les chevaux à balzanes blanches, et donc à la corne des sabots claire, avaient des pieds plus fragiles. Pour ce magnifique oldenbourg, pas de souci : il est cheval de roi !

Certains hommes voudraient ne voir les chevaux qu'en liberté, tandis que d'autres pensent qu'il est naturel de les dresser. Vaste débat, et les « grains de folie » des équidés domestiqués pourraient étayer la thèse des premiers qui voient en eux des animaux prisonniers. En choisissant de redonner aux chevaux d'élevage des cadres de vie plus en adéquation avec leur nature, les cavaliers, amoureux des équidés et du sport équestre, tentent un compromis.

En observant un cheval domestiqué quotidiennement lâché en liberté dans un grand paddock, on remarquera que les crises de folie sont moindres que chez un cheval auquel on va autoriser une seule sortie mensuelle, par exemple. Le premier se roulera avec délices dans l'herbe fraîche et partira tranquillement au pas pour brouter, tandis que le second, très excité en sortant du box, sera difficilement gérable à l'approche du pré ou du paddock et partira dans un galop effréné sitôt son licol enlevé. L'homme, s'il veut être un « leader » respecté de son cheval, doit donc savoir choisir pour lui les meilleures conditions de vie.

Crins de folie ! La crinière et la queue du cheval sont constitués de crins assez rêches par rapport au doux poil de la robe mais ne jouent pas qu'un rôle d'ornement, bien au contraire. Les crins ont leur utilité et ce serait folie que de vouloir les couper ! Il est vrai qu'une belle et longue crinière ondulée donne du panache à un pure race espagnol ou un frison, deux races dont les crinières sont parmi les plus longues. La crinière, mais surtout la queue sont des « chasse-insectes » d'une très grande efficacité ! En été, deux chevaux n'hésitent pas à se mettre tête-bêche pour protéger d'un coup de queue la tête de leur compagnon de pré. En hiver, une crinière épaisse aidera le cheval à supporter le froid et la pluie, surtout si comme chez certains chevaux elle est double, c'est-à-dire qu'elle tombe des deux côtés de l'encolure.

PURE RACE ESPAGNOL

Mais quel toupet a ce pure race espagnol ! Ainsi rejetée en l'air, sa frange ne va pas lui servir à grand chose. Il va falloir attendre qu'elle soit à nouveau à sa place pour jouer son rôle : empêcher les mouches et autres insectes de s'approcher de ses yeux.

ISLANDAIS

Parfaite inclinaison du toupet sur les yeux pour se protéger des insectes... mais aussi du vent! En effet, cet islandais est confronté à un rude climat dans son pays d'origine et son épaisse crinière lui permet de protéger ses yeux sensibles.

PAGE SUIVANTE

HAFLINGER

Pas de coup de vent dans la crinière de cet haflinger mais bien un « grain de folie » qui fait voler sa belle

Alors, doit-on finalement parler de « grain de folie » chez les chevaux ? En ruant, en se cabrant, ne font-ils pas que répéter des mouvements qu'ils connaissent naturellement ? Est-ce notre regard qui rend ses actions folles, ou bien les chevaux sont-ils réellement fous ? Les scientifiques qui les étudient, aussi bien en liberté que domestiqués, ont réussi à décrypter la plupart des causes et effets de leurs mouvements. Chaque animal a son caractère propre et les instants de folie peuvent être de différente intensité. Un grand cheval de selle lymphatique se contentera de deux belles ruades et d'une roulade, un jeune pur-sang anglais ne sera pleinement défoulé qu'après trois tours complets de pré au grand galop. S'il peut y ajouter quelques hennissements sonores destinés à prouver aux autres chevaux qu'il est le plus fort et le plus courageux, là, il sera vraiment comblé !

Eh oui, malgré toutes ces études, les chevaux gardent une part de mystère... et c'est tant mieux ! Qu'un homme dise qu'il connaît tout de son cheval, et ce dernier le surprendra dés le lendemain !

Au départ, la ruade est une défense efficace pour faire fuir un prédateur. Les deux postérieurs sont lancés d'un seul coup avec puissance vers l'arrière, et gare à celui qui s'y trouve exposé. Mais la ruade est aussi utilisée par les chevaux pour se défouler. Rien de mieux, en effet, que ce mouvement pour détendre tous les muscles du dos et de l'arrière-main !

PURE RACE ESPAGNOL

La figure est impressionnante, mais le geste reste finalement assez sage. On pourrait croire à une pesade demandée par un écuyer à ce beau bai, qui semble très concentré et appliqué.

PURE RACE ESPAGNOL

Toujours aérienne mais plus fougueuse, la cabrade d'un pure race espagnol gris. Le geste est élégant, provocateur et fier.

CI-CONTRE

PURE RACE ESPAGNOL

Saut de mouton couplé avec une légère ruade. C'est l'amusement total pour ce cheval, heureusement en liberté et sans cavalier...

Deux parfaits exemples de « grain de folie ». Et un, on prend appui sur ses quatres membres et on se projette en l'air pour expérimenter le fameux « saut de mouton », et deux, on atterrit sur les antérieurs et on décoche une

belle ruade en vrillant légèrement le dos. L'amateur de chevaux admire la fougue et la souplesse de cet animal.
Le cavalier préfère ne pas tester le rodéo !

PAGES PRÉCÉDENTES

SHIRE

Gare à ceux qui seraient sur le chemin de cette jument shire et de son poulain! Leurs corps allongés, comme profilés pour obtenir plus de vitesse, ces deux-là se défoulent en galopant à fond de train dans un pré. Pas de gagnant, pas de perdant au bout de la ligne droite, mais deux chevaux heureux d'avoir fait jouer leurs muscles et libéré leur puissante énergie ! Le bonheur est-il dans le pré ? Définitivement, oui !

LIPIZZAN

Alors, ce lipizzan est-il en train de se rouler ou de se reposer après une série de ruades ? Sa tête posée au sol, ses membres étendus, le cheval profite d'un moment de détente. Dans son regard, une sérénité nous invite à la rêverie...

CRÉDITS PHOTOGRAPHIQUES

TOUTES LES PHOTOGRAPHIES SONT DE CHRISTIANE SLAWIK SAUF :

© SABINE STUEWER
PAGES 8, 114, 128, 159.

© GÉRALD BUTHAUD
PAGES 30,32, 171.

© BOB LANGRISH
PAGES 59, 112.

DIRECTION ÉDITORIALE
AURÈLE CARIÈS

DIRECTION ARTISTIQUE
PASCAL VANDEPUTTE

7-13, BOULEVARD PAUL-ÉMILE VICTOR
ÎLE DE LA JATTE
92521 NEUILLY-SUR-SEINE CEDEX

WWW.MICHEL-LAFON.COM

Photogravure : Turquoise - Emerainville 77184
Imprimé par Dedalo Offset
Dépôt légal : octobre 2009
ISBN : 978-2-7499-1069-7
LAF : 1225